Yves Saint Laurent et son chien Moujik

Yves Saint Laurent and his dog Moujik

Dessin page de droite :
Yves Saint Laurent par Bernard Buffet, 1958.

www.ptitglenat.com

Éditions Glénat BP 177, 38008 GRENOBLE
CEDEX, France.
Loi 49956 du 16 juillet 1949
sur les publications destinées à la jeunesse.

Dépôt légal : février 2010
ISBN : 978-2-7234-7611-9
Achevé d'imprimer en Italie en septembre 2010 par L.E.G.O. S.p.A.

Yves Saint Laurent

CAHIER DE COLORIAGE

(COLORING BOOK)

Fondation
PIERRE BERGÉ
YVES SAINT LAURENT

p'titGlénat

Ce cahier de coloriage rassemble quelques-uns des croquis haute couture tant connus qu'inédits d'Yves Saint Laurent. Ils nous invitent à découvrir l'univers des formes et la palette de couleurs de cet immense artiste de mode du XXème siècle.
Le créateur nous entraîne à sa suite dans les voyages imaginaires en Espagne, Russie, Afrique et en Asie. Ses dessins évoquent sa passion pour l'art et le dialogue qu'il instaure avec des artistes tels que Picasso, Léger, Renoir à qui il rend hommage tout au long de sa carrière.
Ils témoignent également de son goût pour le spectacle, en nous donnant à voir ses costumes de théâtre, de danse, de music-hall et de cinéma.
Une invitation pour petits et grands à explorer l'univers créatif, merveilleux et révolutionnaire d'Yves Saint Laurent.

This coloring book is a collection of some of Yves Saint Laurent's well known yet unpublished haute couture sketches. An invitation for us to discover the world of shapes and the color palette of this immense 20th century fashion artist.
The designer takes us along with him in imaginary travels to Spain, Russia, Africa and Asia. His sketches evoke his passion for art and the dialog he puts in place with artists such as Picasso, Léger and Renoir; artists whom he paid tribute to throughout his career.
His sketches also witness his taste for the world of entertainment by giving us his perception of costumes for theatre, ballet, music hall and cinema.
An invitation for the young and grown-ups to explore Yves Saint Laurent's creative, marvellous and revolutionary world.

Fondation Pierre Bergé - Yves Saint Laurent

VOYAGES EXTRAORDINAIRES

(EXTRAORDINARY TRAVELS)

« Un bon vêtement c'est un passeport pour le bonheur »

«A good garment is a passport to happiness»

Yves Saint Laurent

VOYAGES EXTRAORDINAIRES
(EXTRAORDINARY TRAVELS)

modèle
model

En pleine savane !

Inspire-toi du modèle en photo pour colorier les trois dessins. Petit conseil : utilise des couleurs chaudes !

Deep in the savannah!

Draw your inspiration from the colored photo and color in the three sketches. A small tip: use warm colors!

AFRIQUE

(AFRICA)

En plein Sahara !
Pare cette grande aventurière de couleurs inoubliables !

Deep in the Saharah!
Adorn this adventuress in unforgettable colors!

Au cœur de la Russie
En t'inspirant des modèles 1 et 2, colorie cette princesse russe en lui inventant de nouveaux motifs...

Travel to the heart of Russia
Using models 1 and 2 as source of inspiration, color this Russian princess by inventing new designs.

Le mystère slave

Un modèle en couleur, deux petits morceaux de tissu : à toi de jouer ! Tu peux t'en inspirer ou bien laisser libre cours à ton imagination pour donner vie à ces dessins !

The Slavic mystery

A colored model, two small fabric swatches: it's now up to you to play! You can draw your inspiration from these models or let your imagination run its course to bring life to these sketches.

modèle 3
model 3

échantillons de tissu choisis par Yves Saint Laurent

fabric swatches chosen by Yves Saint Laurent

Dans la moiteur de la Chine
L'artiste a pratiquement fini de tout colorier. À toi de compléter et décorer le paravent.

Steamy China
The artist has practically finished coloring everything. It's now up to you to complete it by decorating the screen.

Chine

Imprègne-toi de ces superbes modèles inspirés de costumes traditionnels pour créer le tien !

China

Absorb these superb models inspired by traditional costumes to create your own!

Festival espagnol
Reproduis les motifs et tonalités dominantes des modèles pour animer ces silhouettes élancées !

Spanish festival
Reproduce the designs and dominant tones of the models to animate these slender silhouettes!

ESPAGNE
(SPAIN)

Olé !
Repasse le trait au feutre noir et colorie en suivant les mêmes indications que sur la page précédente.

Olé!
Retrace the outline with a black felt tip pen and color in, using the same indications as on the preceding page.

VOYAGES EXTRAORDINAIRES
(EXTRAORDINARY TRAVELS)
MAROC
(MAROCCO)
modèle
model
Souffles marocains
Le sirocco a emporté au loin les couleurs de sa tunique ! Redonne-lui de l'éclat !
Moroccan winds
The Sirocco has taken the colors of her tunic far away. Bring some sparkle back to it!

Souffles marocains

À partir de ces quatre modèles en couleur, réussiras-tu à finir ce grand dessin inachevé ?

Moroccan winds

Starting from these four colored models, will you succeed in completing this fine unfinished sketch?

(Him? That's Moujik, my dog, as painted by Andy Warhol. And me? I'm Yves Saint Laurent.)

CLINS D'ŒIL À L'ART

(A WINK AT ART)

« On dit que les artistes voient le monde avec des yeux d'enfants »

«It is said that artists see the world through childrens' eyes»

Yves Saint Laurent

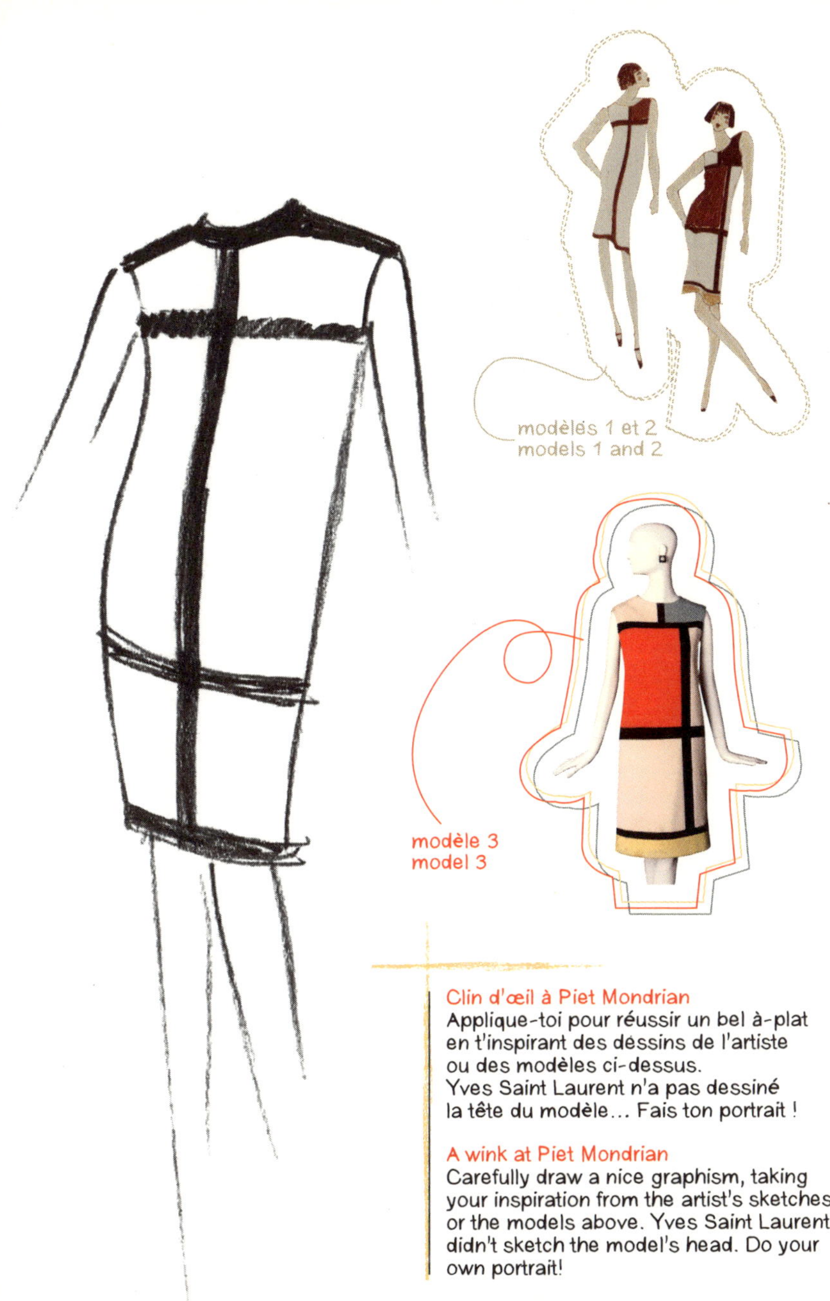

Clin d'œil à Piet Mondrian
Applique-toi pour réussir un bel à-plat en t'inspirant des dessins de l'artiste ou des modèles ci-dessus.
Yves Saint Laurent n'a pas dessiné la tête du modèle… Fais ton portrait !

A wink at Piet Mondrian
Carefully draw a nice graphism, taking your inspiration from the artist's sketches or the models above. Yves Saint Laurent didn't sketch the model's head. Do your own portrait!

Yves Saint Laurent disait de
Pablo Picasso :

« Picasso, c'est le génie à l'état pur. Ça éclate de vie et de franchise. Picasso n'est pas la pureté. Il est le baroque. »
À partir des modèles photographiés et de la citation, colorie les dessins au trait de cette double-page.

Yves Saint Laurent said of
Pablo Picasso:

«Picasso is a genius in it's purest state. It sparkles with life and candor. Picasso isn't purity, he is the Baroque.»
Using the photographed models and the quote, color in the sketches outlined on both pages.

CLINS D'ŒIL À L'ART
(A WINK AT ART)

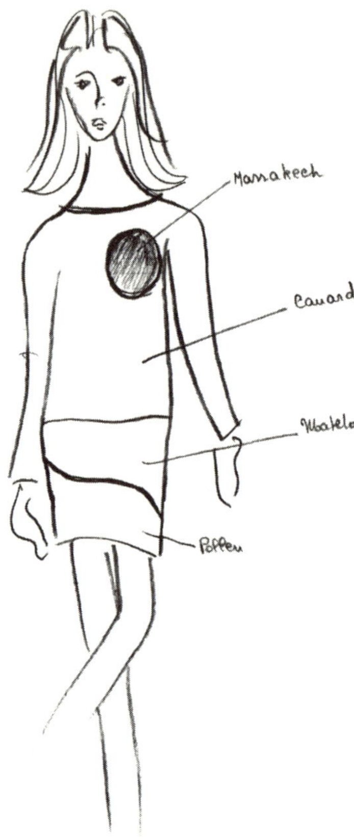

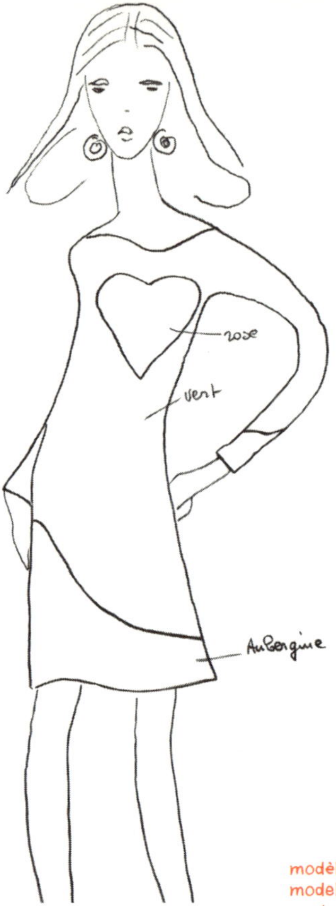

rose
vert
Aubergine

modèles
models

Clin d'œil au Pop Art

Sur les modèles ci-contre, Yves Saint Laurent a représenté une lune et un soleil. Colorie ces deux robes en suivant les indications de l'artiste et en y intégrant les motifs de ton choix : pourquoi pas des étoiles ?

A wink at Pop Art

On the models hereby Yves Saint Laurent represented the sun and the moon. Color in the two dresses by following the indications as given by the artist and include your own designs in the sketches: why not use stars?

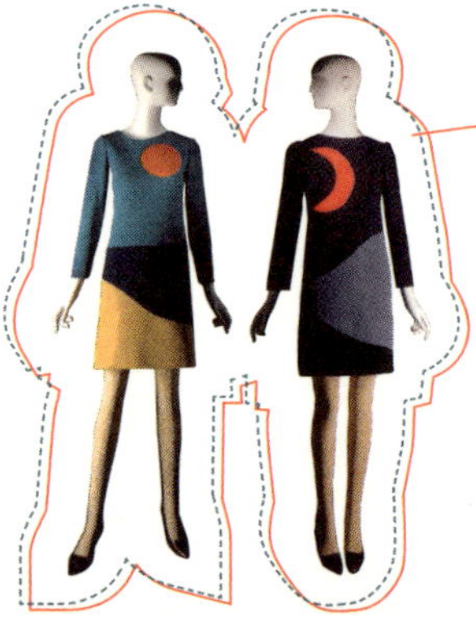

Clin d'œil au Pop Art

Et si tu coloriais uniquement le visage de cette jeune fille et celui reproduit sur sa robe ? Bien sûr, tu n'es pas obligé d'utiliser la même couleur !

A wink at Pop Art

What if you only colored this young girl's face and the one duplicated on her dress? And, of course, you're not obliged to use the same color!

CLINS D'ŒIL
À L'ART
(A WINK AT ART)
modèle
model

Clin d'œil à Henri Matisse

Admire ce festival de formes et de couleurs sur les deux modèles photographiés ! Choisis tes crayons préférés pour colorier ces dessins au trait et orne le reste de la double-page de nouveaux motifs inventés !

A wink at Henri Matisse

Just admire this festival of shapes and colors on the two photographed models! Choose your favorite crayons to color these outlined sketches on both pages and decorate the rest with inventive designs!

Clin d'œil à Fernand Léger

Les motifs colorés qui ornent le bas de la robe rehaussent la coquetterie du modèle ! À toi de compléter le dessin ci-dessus en choisissant des couleurs éclatantes !

A wink at Fernand Léger

The colored designs that decorate the lower portion of the dress enhance the smartness of the model. It's up to you to finish the above sketch by choosing sparkling colors!

Clin d'œil à l'amour

Voici deux robes de mariées imaginées par Yves Saint Laurent, complétées par quelques indications de coloris... À partir de ces notes et du modèle, mets en couleur ces deux futures mariées... N'hésite pas à rajouter des cœurs partout !

A wink at Love

Here are two bridal gowns imagined by Yves Saint Laurent and completed by a few color indications. Using these notes and the models, color in the future brides-to-be. Don't hesitate to add some hearts here and there!

modèle
model

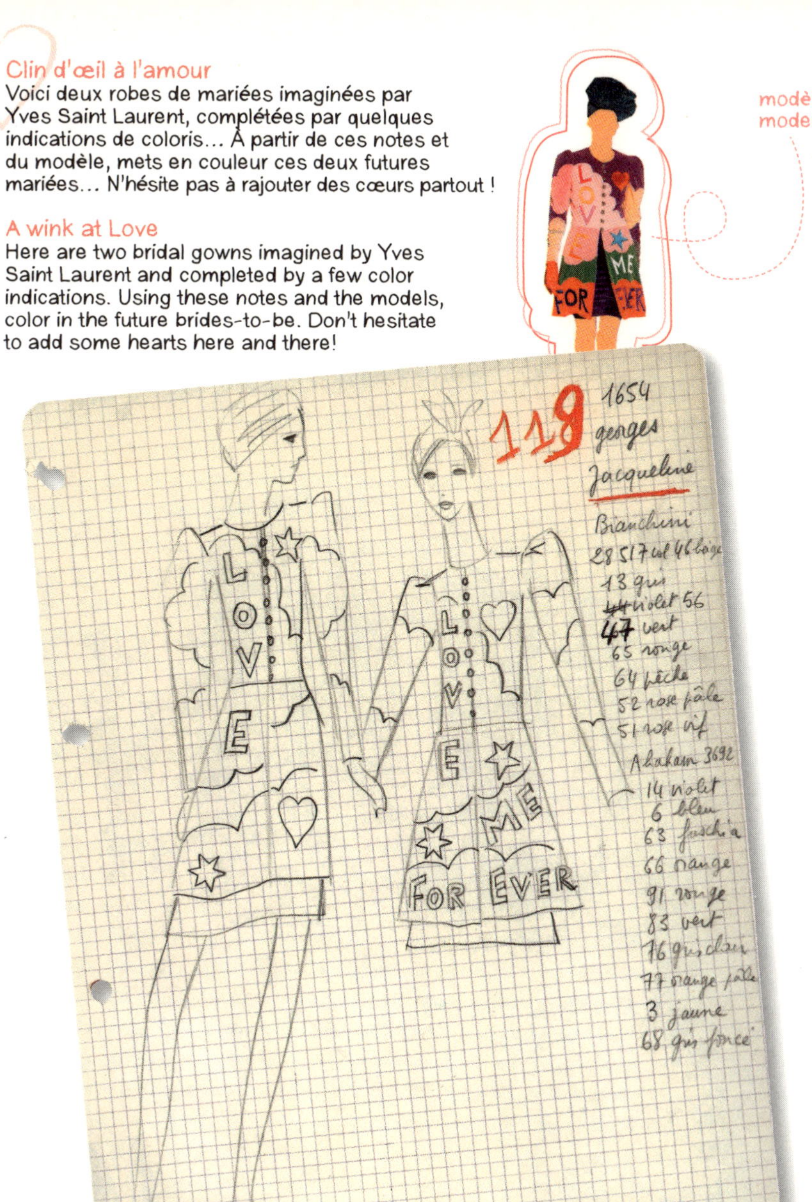

Vive la mariée !
Clin d'œil à Auguste Renoir
On imagine généralement la robe de la mariée en blanc. De quelle couleur rêverais-tu celle-ci ?

Long Live the Bride!
A wink at Auguste Renoir
People ususally imagine a bridal gown in white. What color would you dream of for this one?

SOUS LES PROJECTEURS

(IN THE LIMELIGHT)

« S'habiller c'est se préparer à jouer un rôle »

«To dress up is to get ready to play a part»

Yves Saint Laurent

SOUS LES PROJECTEURS

(IN THE LIMELIGHT)

Venise

Que de dominos rigolos ! Fais-les danser de toutes les couleurs ! Amuse-toi à compter le nombre de points !

Venice

What funny looking dominos! Make them dance in all sorts of colors! Have fun by counting the number of points!

SOUS LES PROJECTEURS
(IN THE LIMELIGHT)

Un petit pas de danse...

La petite danseuse en couverture a perdu ses couleurs. Utilise tes crayons préférés pour lui redonner bonne mine ! Ensuite, tu pourras la découper et la coller à l'endroit de ton choix !

A little dance step...

The little dancer on the cover has lost her colors. Use your favorite crayons to bring back her cheerful expression. Then, you can cut out the paper doll and paste it where ever you wish!

... et un autre !

Cette petite danseuse aurait besoin d'une mise en beauté et de reprendre quelques couleurs ! Dans le dessin original, elle porte un cerceau... Quel objet pourrais-tu lui mettre entre les mains ?

... and another one!

This little dancer needs to have a beauty makeup to regain some color! In the original sketch, she's carrying a hoop... What other object could you put in her hands?

SOUS LES PROJECTEURS
(IN THE LIMELIGHT)

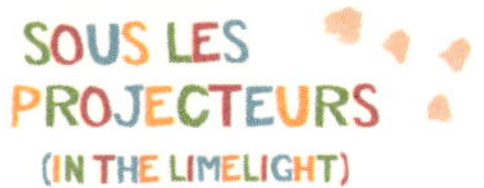

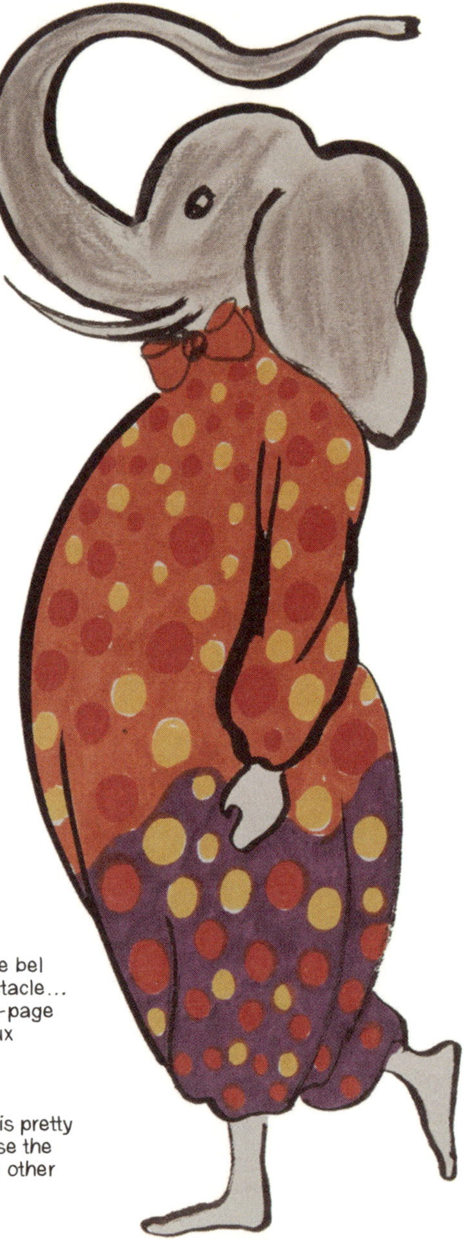

La danse de l'éléphant

Yves Saint Laurent a dessiné ce bel éléphant à l'occasion d'un spectacle… Tu as tout le reste de la double-page pour inventer les autres animaux de la troupe !

The elephant dance

Yves Saint Laurent sketched this pretty elephant for a show: you can use the rest of this page to invent some other animals from the troupe!

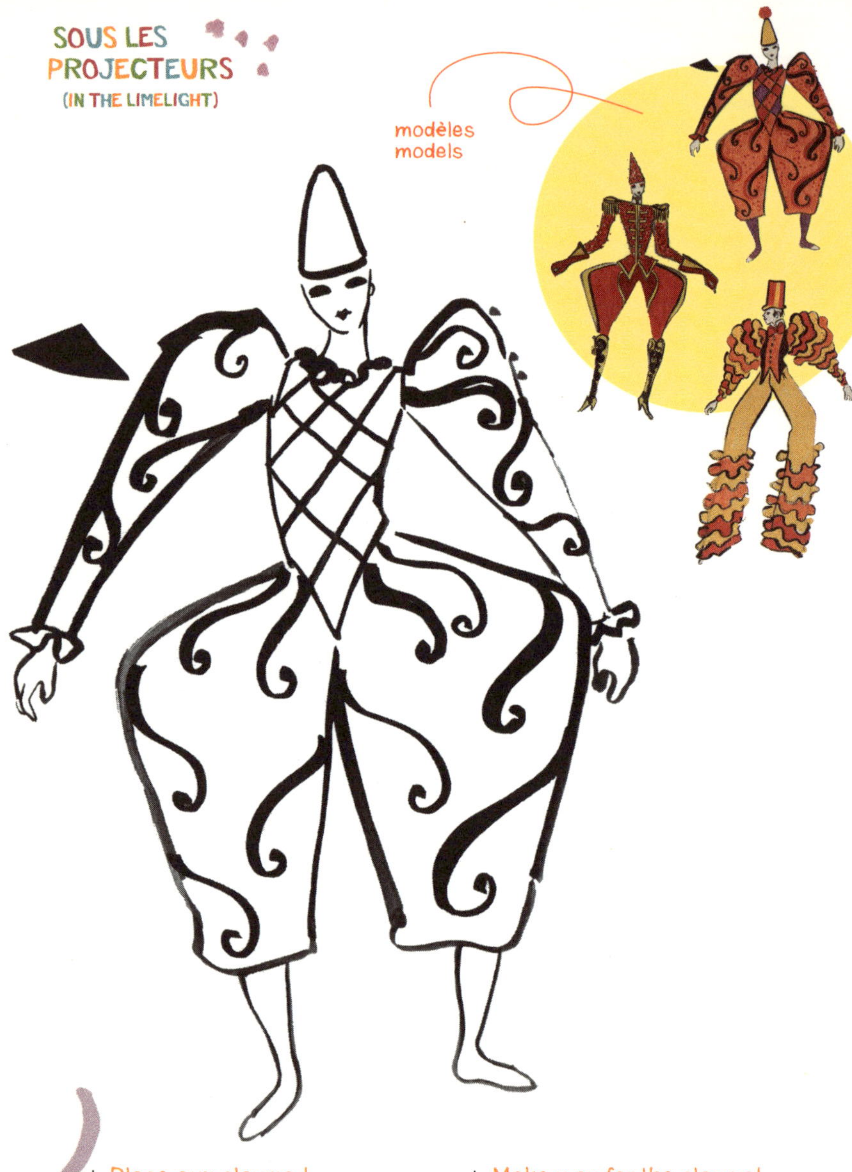

Place aux clowns !

Trois petits clowns en couleur pourront te servir d'inspiration pour vêtir ce personnage poétique de ses plus beaux atours...

Make way for the clowns!

You can use these three little colored clowns as inspiration to dress up this poetic figure in all his finery...

Place aux Arlequins !

Yves Saint Laurent a mis quelques losanges en couleurs : tu as carte blanche pour compléter ce superbe tableau !

Make way for Harlequins!

Yves Saint Laurent has colored in several diamond shapes: you have a free hand to complete this superb picture!

Ça swingue !
Ces deux dessins sont en pointillés : relie un à un tous les points avant de colorier le danseur et le musicien !

It's swingin'!
These two sketches are in dotted lines. Connect the dots before coloring in the dancer and the musician!

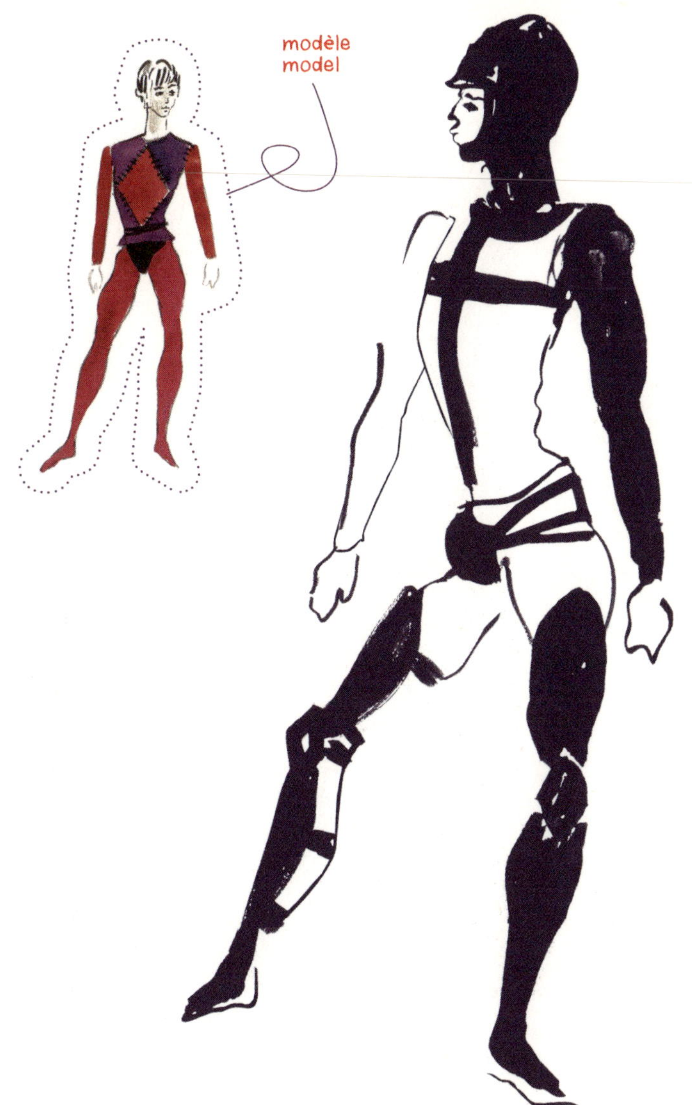

La danse des soldats

Yves Saint Laurent a dessiné ces soldats danseurs pour l'opéra « Notre Dame de Paris ». Colorie ce jeune homme pour lui rendre tout son éclat !

The soldiers' dance

Yves Saint Laurent sketched these soldier dancers for the «Notre Dame de Paris» opera. Color in this young man to bring back all of his sparkle!

SOUS LES PROJECTEURS
(IN THE LIMELIGHT)

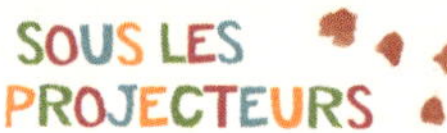

À l'occasion de la représentation de la pièce « LES MONSTRES SACRÉS » de Jean Cocteau, Yves Saint Laurent a représenté Arletty.

For the performance of Jean Cocteau's play «LES MONSTRES SACRÉS», Yves Saint Laurent imagined Arletty.

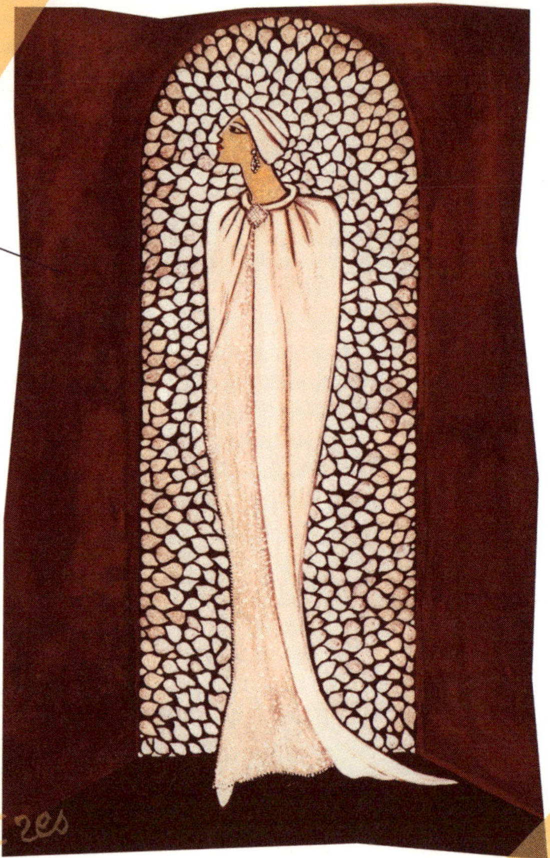

Les Monstres Sacrés de Jean Cocteau

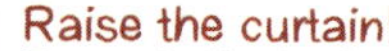

Lever de rideau !

Décore la tunique de motifs féeriques et colorie le vitrail en suivant les consignes des numéros. Quand il n'y a pas d'indications, utilise la couleur de ton choix !

1 2 3 4

Raise the curtain!

Decorate the tunic with fairy-like designs and color in the stained glass window by following the designated numbers. When there is no indication, use the color of your choice!

1 2 3 4

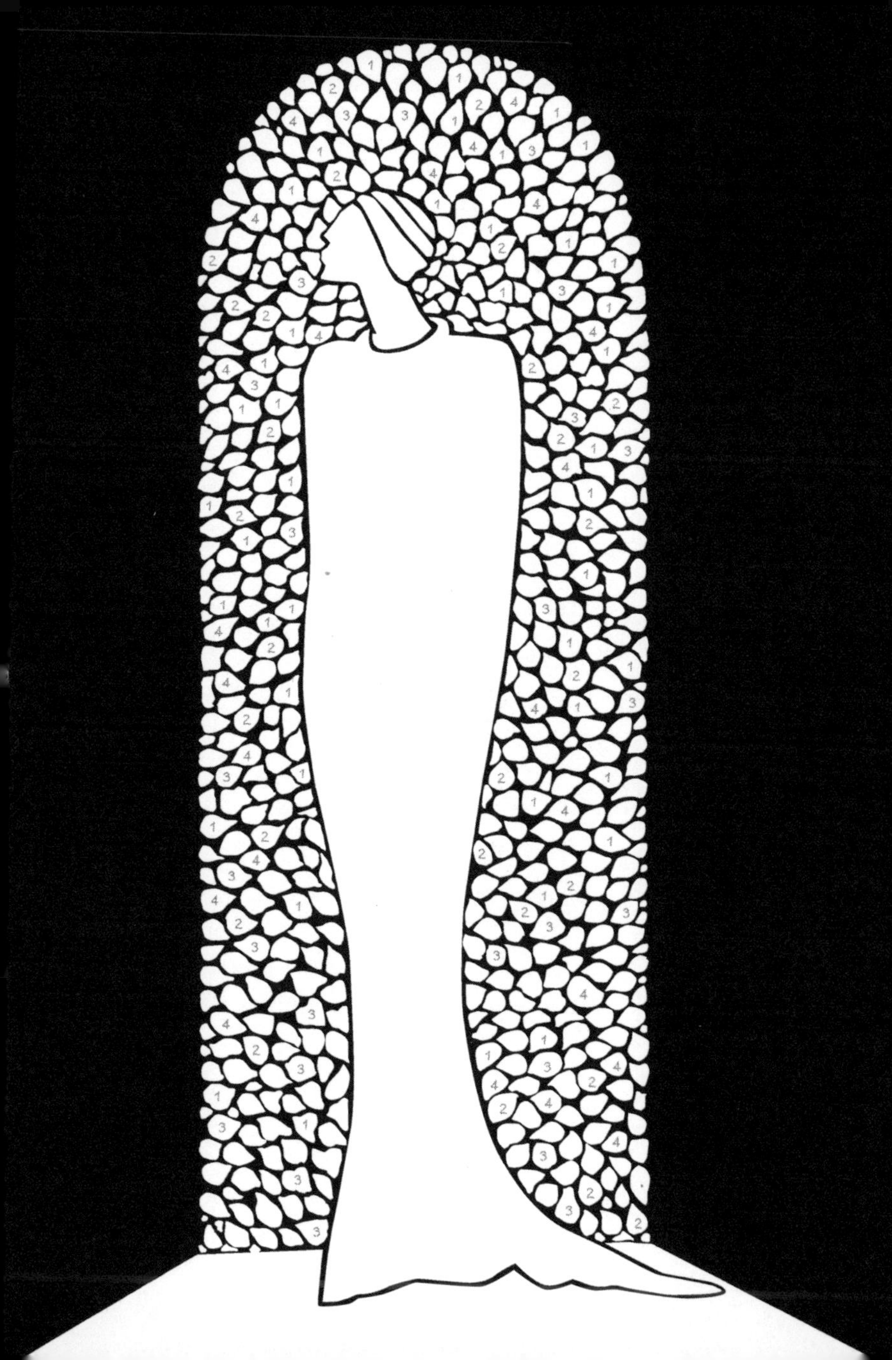

MOUJIK IV